M. LE COMTE DE PARIS

Paris. — Imprimerie Viéville et Capiomont, 6, rue des Poitevins.

PORTRAITS

M. LE COMTE DE PARIS

PAR

MARC DE BEAUCHAMP

AVEC UNE PHOTOGRAPHIE

PARIS

FRÉDÉRIC GIRAUD, LIBRAIRE-ÉDITEUR

19, RUE DE SÈVRES, 19

1871

Tous droits réservés.

M. LE COMTE DE PARIS

Louis-Philippe-Albert d'Orléans, comte de Paris, est né à Paris le 24 août 1838 ; second fils du duc d'Orléans, il est le chef actuel de l'ancienne maison royale d'Orléans.

Par sa mère, le comte de Paris est bel et bien (je ne pense pas qu'il s'en vante) le neveu du duc de Mecklembourg, ce gredin couronné qui a fait tant de mal à la France pendant la guerre. Cette vilaine parenté, nous en sommes convaincu, n'empêchera point le comte de Paris, au jour de la revanche, de se mettre à la tête des Français qui marcheront contre l'Allemagne.

La princesse Hélène de Mecklembourg-Schwerin était une femme d'un grand cœur ; son courage était à la hauteur de sa rare intelligence.

On n'a point oublié son admirable conduite dans la journée du 24 février 1848. Alors que Paris était au pouvoir des insurgés, et que le roi avait été chassé des Tuileries par la foule, la duchesse d'Orléans vêtue de deuil, tenant par la main ses deux enfants, se présenta au palais Bourbon et réclama la régence. Elle dut se retirer devant les insurgés qui envahirent le palais Bourbon.

Ce fut la fin du règne de Louis-Philippe, dont la dynastie avait paru condamnée à la mort du duc d'Orléans, prince aimé, populaire, surtout dans l'armée, et en l'avenir duquel on croyait.

Rappelons ici la mort tragique de ce prince :

Le 13 juillet 1842, le duc d'Orléans, qui allait se rendre à Strasbourg pour y passer des revues, s'empressa de prendre le chemin de Neuilly, pour faire ses adieux à sa famille. Comme il arrivait à l'angle de la voie pavée, qui a nom chemin de la Révolte (terrible ironie !), ses chevaux s'emportèrent et il fut violemment jeté sur le pavé. Peu après, le prince expirait dans la boutique d'un épicier, au milieu des sanglots de sa famille ; il n'avait reconnu personne, pas même sa mère désolée.

*
* *

Le duc d'Orléans avait eu une part glorieuse à la prise d'Anvers, le 23 décembre 1832. Il avait aussi combattu dans les rangs de notre vaillante armée d'Afrique, avec laquelle il avait traversé victorieusement le redoutable défilé qu'on appelle les Portes de fer.

A l'occasion de la triste mort du duc d'Orléans, monseigneur le comte de Chambord écrivit la lettre suivante à monsieur le marquis de Pastoret :

« A la nouvelle du triste événement dont vous me parlez dans votre dernière lettre, ma première pensée a été de prier et de faire prier pour celui qui en a été la malheureuse victime. J'ai été plus favorablement traité l'année dernière, et j'en rends d'autant plus de grâces à la Providence, que j'espère qu'elle ne m'a conservé la vie[1] que pour la rendre un jour utile à mon pays. Quel que soit le cours des événements, ils me trouveront toujours prêt à me dévouer à la France et à tout sacrifier pour elle. »

Le comte de Paris fut mis de bonne heure entre les mains de M. Adolphe Régnier, homme d'un très-grand mérite, mais modeste, et qui a été nommé, le 9 mars 1855, membre de l'académie des inscriptions et belles-lettres.

Dès le 7 avril 1843, M. Régnier avait été choisi par le roi Louis-Philippe et la duchesse d'Orléans, pour être le précepteur du jeune prince. Lorsque éclata la révolution de février, M. Régnier resta fidèle à son royal élève, et accompagna la duchesse d'Orléans à la Chambre des députés, puis à l'Hôtel des Invalides

1. L'année d'avant, une chute de cheval avait mis en très-grand danger les jours de Henri V.

et à Bligny ; enfin il suivit le comte de Paris en Belgique et à Ems, sans avoir même pris le temps de faire ses adieux à sa famille.

Le comte de Paris, sous la haute et intelligente direction de M. Régnier, fut élevé dans la petite ville allemande d'Eisemach, où s'était fixée sa mère.

A la fin de 1851, les études littéraires du prince étant terminées, M. Régnier revint en France, dans sa famille, dont il avait vécu séparé depuis 1848 par suite d'un exil volontaire.

*
* *

A cette époque, l'étude des mathématiques et l'étude des sciences commencèrent à tenir la plus grande place dans l'éducation du comte de Paris ; il eut pour professeur de mathématiques M. Baudoüin. Quelques mots sur cet homme qui fut à la fois précepteur du comte de Paris et du duc de Chartres.

M. Baudouin est né à Saint-Benoît-sur-Loire (Loiret) ; il fit ses études au séminaire d'Orléans, puis suivit à Paris les cours de l'École de médecine, après avoir été professeur au collége de Pont-Levoy ; il se livra ensuite à l'étude des sciences et suivit, comme externe libre, les leçons de l'École polytechnique. M. Baudouin est l'auteur de plusieurs mémoires de mathématiques ou de physique (*Asymptotes, effets de la vapeur dans les machines*) et d'économie sociale (*les Étalons monétaires, la question de l'or*), ainsi que d'une traduction des *Niebelungen*.

M. Baudouin est docteur en droit, membre de plusieurs académies, et docteur des universités de Bonn et d'Iéna.

Le comte de Paris, accompagné de M. Baudouin, fit de nombreuses excursions dans toute l'Europe, et parvint à posséder plusieurs langues, en même temps qu'il se familiarisa avec les idées et les mœurs de tous les pays. Il ne tarda pas à s'établir en Angleterre, où s'était retirée sa famille paternelle.

En 1861, le comte de Paris a publié à Londres son premier ouvrage, *Damas et le Liban*, qui est la relation d'un voyage qu'il fit en Orient avec son frère le duc de Chartres.

* *
*

Peu après, les deux frères s'embarquaient pour l'Amérique du Nord, où la guerre de la sécession venait d'éclater. Le 28 septembre 1861, ils prenaient du service dans les troupes fédérales, comme capitaines d'état-major et aides de camp du général Mac-Clellan, commandant en chef de l'armée du Potomac.

Ils passèrent l'hiver auprès de ce général, qui s'occupa avec la plus grande énergie de constituer l'armée, de l'organiser, de l'exercer par des manœuvres fréquentes. Le général Mac-Clellan passait en Amérique pour un des militaires les plus instruits. Simple, modeste, absolument dévoué à ses soldats, dont il avait continuellement à souci le bien-être, il n'eut d'égal à son habileté que son courage ; au plus fort du danger, on le vit toujours en tête des colonnes.

C'est à l'école de ce brave que les deux fils de la duchesse d'Orléans étudièrent l'art de la guerre.

Ils assistèrent à la prise de Yorktown (1er, 2 et 3 mai), que les confédérés avaient fortifié par des retranchements formidables, et que Mac-Clellan avait

tournés après avoir reconnu l'impossibilité de les enle-
ver de vive force.

Le comte de Paris et le duc de Chartres, le premier
venait d'être attaché à l'état-major du général Porter,
prirent part au combat acharné de Williamsburg, et
à la bataille de Fair-Oaks. Ils assistèrent au grave échec
de Richemont.

Le général Mac-Clellan, voyant l'armée fédérale sur
le point d'être cernée par toutes les forces rebelles
concentrées, résolut de se retirer entre le Chickahominy et la rivière James. Cette retraite ne pouvait
s'effectuer que par une longue marche de flanc en face
d'un ennemi rendu plus fort par ses avantages. Ce
n'est qu'après la défaite de Gaine's-Mill, dans laquelle
son armée perdit vingt-cinq canons, que le général
Mac-Clellan parvint à se retirer au delà du Chickahominy, et appuyant sa droite sur ce fleuve, sa gauche
sur la rivière James, put enfin contenir l'ennemi.

On ne saurait trop admirer le courage et l'intelligence militaire dont les fils du duc d'Orléans firent

preuve pendant la guerre de la sécession, surtout dans la retraite qui suivit le combat de Gaine's-Mill. Voici, à ce sujet, le passage d'une correspondance de New-York, adressée au journal anglais *le Times*, et que nous trouvons dans un numéro du 22 juillet 1862 de cette feuille.

« Je traversai au galop, dit le correspondant, le pont d'Albermale, jeté sur le Chickahominy, et gagnai le sommet des collines qui lui font face. De là j'aperçus la vallée, au-dessous de moi, la ligne de bataille de l'armée fédérale, forte de 35,000 hommes, et s'étendant sur une longueur d'un mille et demi.

« Je pus distinguer tous les mouvements du corps d'armée, et aussi ceux des officiers qui m'étaient connus, entre autres du jeune comte de Paris et de son frère (le duc de Chartres) ; le premier remarquable, comme jadis un de ses illustres ancêtres, par un chapeau de forme particulière. Pendant tout le temps que dura l'action, ces jeunes princes montrèrent un courage admirable, qui ne se démentit pas dans les efforts surhumains qu'ils firent ensuite pour arrêter le désordre de la retraite.

« Le comte de Paris était attaché à l'état-major du

général Porter. Pendant plus de quatre heures, il resta constamment exposé au feu le plus meurtrier, et c'est un miracle qu'il en soit revenu. Le duc de Chartres avait marché aux premières lignes avec une division de renforts envoyée par Mac-Clellan, dans l'après-midi, et eut la plus grande part à l'action.

« La fermeté déployée par ces jeunes princes, au moment le plus critique de la bataille, alors que la retraite commença à se changer en déroute, excita l'admiration de toute l'armée, et leur valut, de la part du général en chef, des congratulations publiques. Il est heureux que leur retour en Europe, que des raisons particulières (la tension des rapports du gouvernement français avec la République américaine, au sujet des affaires du Mexique) ont rendu nécessaire, n'ait pas eu lieu avant cette bataille, car ils ont pu être très-utiles, au moment d'un grand danger, à la cause qu'ils avaient épousée. »

Ces lignes sont un hommage chevaleresque rendu à des princes qui le méritent.

Les relations entre les États-Unis et la France,

menaçant d'aboutir à une rupture à propos de l'expédition du Mexique, glorieuse pour notre armée, mais honteuse pour notre amour-propre national et féconde en tristes conséquences, le comte de Paris et le duc de Chartres quittèrent le service des États-Unis, et revinrent en Europe.

*
* *

Le comte de Paris continua de résider en Angleterre, fit paraître plusieurs publications qui furent remarquées ; il donna à la *Revue des Deux Mondes* un article qui avait pour titre : *la Semaine de Noël dans le Lancashire*, et dans lequel il étudiait les effets de la crise cotonnière en Angleterre ; cet article était signé du pseudonyme Eugène Forcade (février 1863).

Plus tard, au mois d'août 1867, il donna à la même revue, et sous le même pseudonyme, plusieurs autres articles, entre autres un fort curieux, intitulé : *Lettre sur l'Allemagne nouvelle*.

Nous signalerons encore, cette fois sous le pseudonyme d'X. Raymond, une étude sur *l'Église d'État et l'Église libre en Irlande*, publiée à propos du bill de « disestablishment. » Le comte de Paris a aussi écrit, dans la *Revue des Deux Mondes*, bon nombre d'articles sous la signature de Langel.

Son dernier ouvrage, *les Associations ouvrières en Angleterre*, a eu un grand retentissement en Europe, et a obtenu en France de nombreuses éditions; il a été traduit en plusieurs langues, notamment en anglais, en espagnol et en allemand.

Le 30 mai 1864, le comte de Paris a épousé sa cousine, la princesse Marie-Isabelle, fille du duc de Montpensier, et de laquelle il a eu une fille, la princesse Marie-Amélie-Louise-Hélène, née le 28 septembre 1865, à Twickenham; et un fils, le prince Louis-Philippe-Robert, né à York-House le 6 février 1869.

Avant l'abrogation des lois d'exil votée par la Chambre, en dépit de messieurs les républicains qui prêchent la liberté, l'égalité et la fraternité, sans en penser un mot, le comte de Paris habitait York-House, modeste mais charmant cottage, situé contre le cimetière de Twickenham, tout près d'Orléans-House, cette habitation somptueuse du duc d'Aumale.

Comme tous les princes de sa famille, le comte de Paris, pendant vingt ans d'exil, ne donna jamais ni bals ni fêtes. Rarement il se montrait dans les clubs dont il faisait parti, fréquentait peu les réunions du turf. Chaque année cependant il se rendait au derby d'Epsom, avec les autres princes, dans deux *mails*.

On voyait souvent les d'Orléans chez les duchesses de Dewonshire, de Manchester et de Dueccleng, etc. A la cour, ils avaient rang de princes et, dans les bals, formaient le quadrille. Ils assistaient aux revues et mangeaient à la table royale; les princesses étaient assises aux côtés de la princesse de Galles.

*
* *

On a reproché au comte de Paris, comme au comte de Chambord, « son enfance passée à l'étranger. »

Quelle plaisanterie ! Vous n'oseriez, je pense, après que vous l'en auriez chassé, reprocher à quelqu'un de ne plus mettre les pieds dans votre logis ? N'est-ce pas notre faute à nous, peuple incorrigible, si le comte de Paris, comme le loyal Henri V, a passé sa jeunesse à l'étranger, tandis qu'un... *Buonaparte* (comme disait avec dégoût Régner dans mademoiselle de la Seiglière) a pu étaler, pendant vingt ans, son cynisme sur le trône de France ? Au reste, si l'on ne veut pas revenir sur le passé, si l'on ne considère que le présent, est-il à regretter que le comte de Paris n'ait point vécu en France ? Nous ne le pensons pas. Au contraire, son esprit ayant toujours été à l'abri des passions de tous les partis, le chef de la maison d'Orléans, mieux que personne, est capable aujourd'hui de juger quel gouvernement convient à la France.

*
* *

C'est à tort aussi qu'on a reproché au comte de Paris « son abord froid. » Ou c'est qu'on ne veut pas dire la vérité, où c'est qu'on n'a jamais eu l'heureuse occasion de le voir de près.

Le prince a la physionomie très-douce, le regard franc, une belle prestance, beaucoup de dignité dans toute sa personne, mais pas la moindre morgue ni dans les manières ni dans le langage. Ses connaissances sont fort étendues ; aucune branche des sciences ou des lettres ne lui est étrangère. Il parle, il écrit, il se remue ; son esprit est accessible à toutes les idées, à tous les progrès. D'une exquise distinction dans sa mise, le comte de Paris montre une grande simplicité dans sa manière de vivre. Il suffit, pour en être convaincu, d'avoir passé quelques heures à York-House, résidence du comte de Paris, en Angleterre.

Là, presque pas d'étiquette ; les invitations se faisaient par lettres familières et les convives s'y trouvaient parfaitement à l'aise. A York-House, ni les gens de service ne portaient la perruque poudrée, comme c'est l'usage en Angleterre, ni l'on ne mangeait dans la vaisselle plate.

Messieurs les fumeurs n'étaient pas non plus exilés dans un boudoir après le dîner ; ils n'avaient qu'à se retirer dans une des extrémités du salon pendant que les princesses se rangeaient en cercle dans l'autre ; c'est tout ce qu'on exigeait d'eux.

Pas le moindre cérémonial. Ah ! par exemple, une règle qu'on se gardait d'enfreindre, c'était celle-ci : pour se rendre à table, le comte de Paris donnait toujours le bras à la comtesse et précédait les convives dans la salle à manger.

York-House était d'un aménagement fort simple. Le premier étage était réservé à la comtesse de Paris. Les appartements de réception étaient au rez-de-chaussée. On n'y voyait pas, comme chez le duc d'Aumale, une galerie enrichie de chefs-d'œuvre de toutes les époques. Chez le comte de Paris, c'était tout simplement le plus grand salon qui tenait lieu de galerie, encore n'y voyait-on que des tableaux modernes représentant des scènes de la jeunesse des princes. Nous nous rappelons le tableau de la prise de Constantine et celui représentant le bombardement d'York-Town; nous nous rappelons surtout un portrait remarquable du duc d'Orléans, en officier de dragons, à Montargis.

Le comte de Paris et le duc de Chartres sont les moins riches de la famille d'Orléans; ils n'ont que cent ou cent-cinquante mille livres de rente. En voici la cause. Les soixante millions que la princesse Adélaïde, sœur de Louis-Philippe, laissa en mourant, et qui devaient être partagés entre les fils du roi, furent diminués des deux tiers par l'odieux décret de 1852. Les ducs de Nemours, de Montpensier et le prince de Joinville ont fait des mariages opulents. Quant au duc d'Aumale, dont les revenus sont évalués à deux millions et demi environ, son immense fortune représente non-seulement l'opulent héritage des Condé, mais encore celui de madame la duchesse d'Aumale, née princesse de Salerne.

*
* *

On a reproché au comte de Paris « l'infatuation de son droit héréditaire. » Le Prince n'a point à s'émouvoir de ce reproche qui lui est adressé par certains bourgeois révolutionnaires... jusqu'à la bourse. Ce sont ces mêmes bourgeois qui n'ont aucune foi en la force morale, puisqu'ils sont fils de Voltaire, qui se sont mis à plat ventre devant *la force qui prime le droit*, qui ont léché les bottes d'un Napoléon III, qui préconisent tour à tour, avec une égale impudence, les d'Orléans, l'Empire, la République, qui préconiseraient Henri V s'il montait sur le trône, pourvu que leurs écus fussent en sûreté.

L'opinion de ces gens-là ne doit compter pour rien dans la conscience d'un honnête homme.

Que serait M. le comte de Paris sans le droit héréditaire? Un simple prétendant. La France agonise, il est temps de la sauver ! Désormais on ne doit reconnaître que deux formes de gouvernement : la Monarchie légitime ou la République. Un autre gouvernement serait un gouvernement bâtard, le *recommencement* de celui de Louis-Philippe. Ce gouvernement finirait dans l'anarchie à la faveur de laquelle monterait sur le trône Napoléon IV dont le règne serait le *recommencement* de celui de Napoléon III, c'est-à-dire le commencement de la fin de la France.

M. le comte de Paris l'a compris; il s'est rappelé que « les dernières paroles, les derniers conseils du roi Louis-Philippe furent des paroles de paix et de conciliation; » que « son suprême désir fut la promesse, de la part de ses fils, de reconnaître comme chef de leur maison M. le comte de Chambord. » — « Que M. le comte de Chambord soit le chef de la maison d'Orléans[1], » avait dit Louis-Philippe à son lit de mort.

Le comte de Paris, avec une franchise et une spontanéité qui lui valent le dévouement et la sympathie de tous les cœurs vraiment français, a renoncé à porter la main sur une couronne à laquelle seul a droit M. le comte de Chambord.

1. *Henri V et les princes d'Orléans*, par le prince Henry de Valori.

On n'a pas oublié l'entretien qu'eut M. le comte de Paris avec M. Thiers, à l'époque où parut la loyale proclamation de Henri V sur le drapeau blanc. On nous permettra de le rappeler ici.

« Il faut convenir, Monseigneur, dit finement M. Thiers, que M. le comte de Chambord vous a rendu un fameux service par son manifeste. — Je ne sais, Monsieur le président, de quel service vous entendez parler ; mais tenez pour certain que je ne monterai jamais sur le trône qu'après M. le comte de Chambord. »

Un autre jour, M. le comte de Paris disait à M. G..., l'un de ses plus intimes amis : « En présence des maux et des divisions de la France, *recommencer* 1830 *serait un crime à mes yeux.* »

De son côté, M. le comte de Chambord, parlant de son cousin, a dit dernièrement : « M. le comte de Paris est un esprit élevé. *Il ne ferait jamais rien d'incorrect.* »

Honneur à M. le comte de Paris !

Aujourd'hui, il n'y a plus ni d'Orléans, ni Bourbons ; il n'y a plus qu'une seule famille, « une famille royale aussi ancienne que la terre des Gaules, aussi vieille que les forêts de la Germanie. Elle s'est incarnée dans la France, et la France, pour payer sa dette, s'est incarnée dans Jeanne d'Arc. Dans ses mains, l'épée de César est devenue la francisque de Tolbiac, et le labarum de Constantin l'oriflammme de saint Denys. Toute gloire intellectuelle, politique, sociale et chrétienne, a procédé d'elle pendant quatorze cents ans. Elle a donné l'essor à la civilisation, aux libertés, aux franchises, et la loyauté a pris son nom. Elle a triplé de ses fleurs de lis la couronne de Pierre, et Pierre l'a appelée sa fille aînée. Elle a créé le domaine des papes comme elle a créé le domaine des Francs. Elle a chassé les Sarrasins de l'Occident et évangélisé l'Allemagne. Ceux de cette maison ont combattu la croix sur l'épaule à Ptolémaïs et à la Massoure ; ils ont rendu la justice sous un chêne et ils sont morts sur la cendre. Ils furent à Bouvines et à Marignan, comme à Crécy et à Poitiers ; et l'histoire ne peut se décider à choisir entre leurs victoires signalées ou leurs défaites triomphantes. Trente-deux princes de leur sang, depuis saint Louis, ont été tués sur le champ de bataille!... six par siècle. Ils ont fait la religion, les lois, les mœurs, les arts de la patrie. De l'Atlas à l'Escaut, des bords du Jourdain aux rives du Saint-Laurent, de Pondichéry à Constantinople, nos frontières, nos colonies et nos missions racontent son nom. Elle a commencé par Tolbiac et fini par Alger. Rassasiée de toutes les gloires, ayant eu des Charlemagne, des Philippe-Auguste, des saint Louis, des François Ier, des Henri IV et des Louis XIV, il lui manquait un martyr, et Louis XVI monta sur l'échafaud, les mains liées derrière le dos. Cette prodigieuse famille est la vôtre, Monseigneur, elle s'appelle *la Maison de France*. A Constantine, à la Smala, à Saint-Jean d'Ulloa, à Patay, au Mans, les rameaux n'ont pas démérité du tronc séculaire[1]. »

1. *Henri V et les princes d'Orléans*, par le prince Henry de Valori.

HENRI V

ET LES
PRINCES D'ORLÉANS

Par le prince Henry de VALORI

Septième édition. — In-12 de 72 pages. Prix : 75 cent.

**Le Pacte. — Le Droit. — Les Bourbons. — Les Orléans. —
La Réconciliation. — M. Thiers. — Conclusion.**

CHARETTE

TROUSSURES
ET LES ZOUAVES PONTIFICAUX

—

CAMPAGNE DE FRANCE

—

Par le prince Henry de VALORI
Aide de camp du général d'Azémar.

Sixième édition. — In-12. Prix : 25 centimes.

Paris. — Imprimerie Viéville et Capiomont, rue des Poitevins, 6.